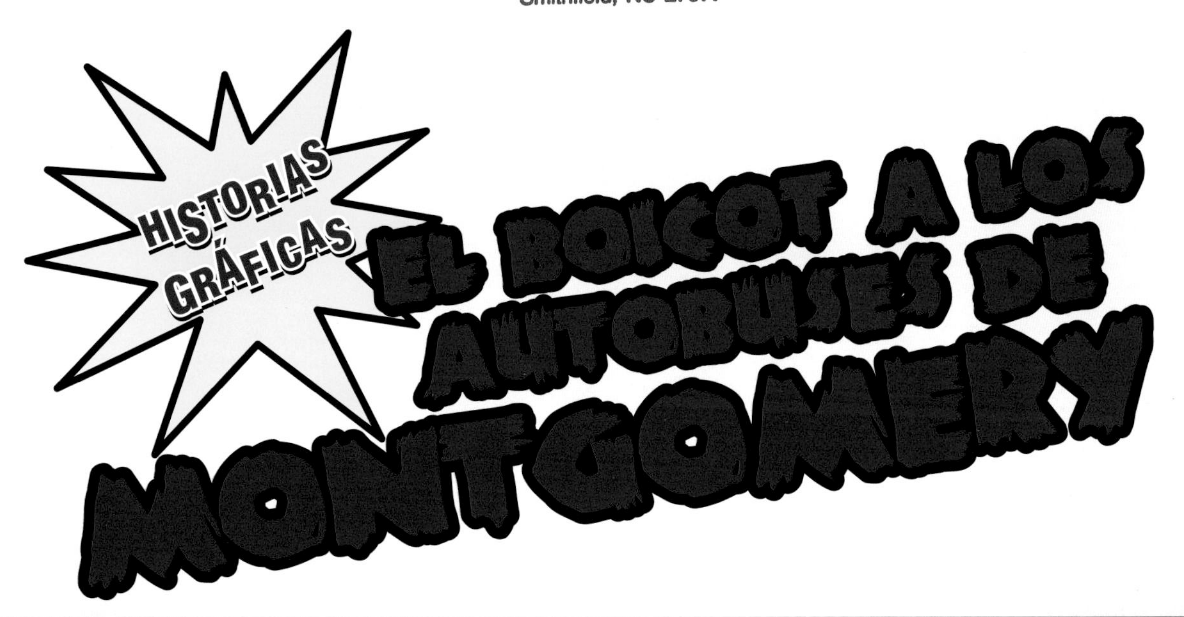

HISTORIA:
KERRI O'HERN Y FRANK WALSH

ILUSTRACIONES:
D. MCHARGUE

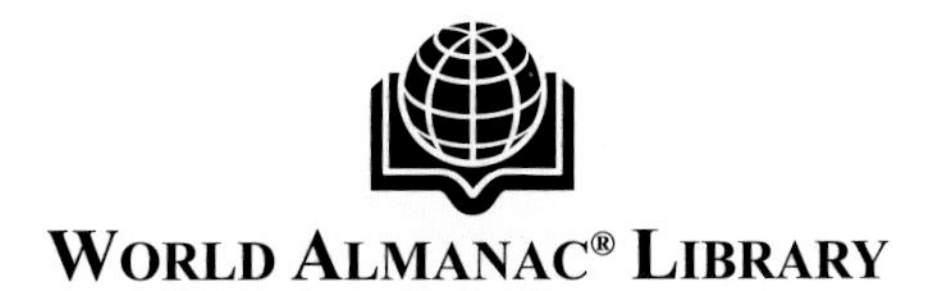

WORLD ALMANAC® LIBRARY

DURANTE LOS AÑOS 1950, EN PARTES DE ESTADOS UNIDOS LAS PERSONAS NEGRAS NO TENÍAN LAS MISMAS LIBERTADES QUE LAS BLANCAS. EN ALGUNOS ESTADOS, LOS AFRO-ESTADOUNIDENSES PODÍAN IR A LA CÁRCEL POR DISCUTIR CON UN BLANCO. LOS NEGROS NO PODÍAN COMER CON LOS BLANCOS, NI BEBER AGUA EN EL MISMO BEBEDERO. EN MONTGOMERY, ALABAMA, EL SISTEMA DE TRANSPORTE DE AUTOBUSES TENÍA REGLAS SOBRE DÓNDE SE PODÍAN SENTAR LOS AFRO-ESTADOUNIDENSES.

EL 1 DE DICIEMBRE DE 1955, UNA MUJER NEGRA LLAMADA ROSA PARKS FUE ARRESTADA EN MONTGOMERY PORQUE SE HABÍA REHUSADO A CEDER SU LUGAR EN EL AUTOBÚS A UN BLANCO.
COMO PROTESTA, ¡LOS NEGROS SE REHUSARON A VIAJAR EN LOS AUTOBUSES DE MONTGOMERY DURANTE UN AÑO! EL BOICOT A LOS AUTOBUSES DE MONTGOMERY FUE EL COMIENZO DE ALREDEDOR DE 10 AÑOS DE PROTESTAS POR LOS DERECHOS CIVILES. LOS DERECHOS CIVILES SON LAS LIBERTADES BÁSICAS QUE LAS PERSONAS NEGRAS QUERÍAN. DESEABAN LAS MISMAS OPORTUNIDADES QUE LOS OTROS ESTADOUNIDENSES TENÍAN.

EL ARRESTO DE ROSA PARKS NO FUE EL PRIMER TRATAMIENTO INJUSTO A UNA PERSONA NEGRA. LOS NEGROS HABÍAN SOPORTADO SIGLOS DE DISCRIMINACIÓN, O MAL TRATAMIENTO SEGÚN EL COLOR.
¡MUÉVETE!
¿DÓNDE ESTOY?
DURANTE LOS AÑOS 1700, LOS AFRICANOS FUERON OBLIGADOS A VENIR A AMÉRICA PARA TRABAJAR PARA LOS BLANCOS. LAS PERSONAS BLANCAS LOS COMPRABAN EN MERCADOS.
¡ÉSTE SERÁ UN BUEN TRABAJADOR!

SEGÚN ESTADOS UNIDOS CRECIÓ, LOS ESCLAVOS SE CONVIRTIERON EN UNA PARTE IMPORTANTE DE LA ECONOMÍA DEL SUR.
MAÑANA REGRESO POR OTRO.

LA MAYORÍA DE LOS ESCLAVOS HACÍA TRABAJO PESADO.

ALGUNOS TENÍAN OFICIOS, COMO EL DE HERRERO.

In CONGRESS,
The unanimous Declaration of the

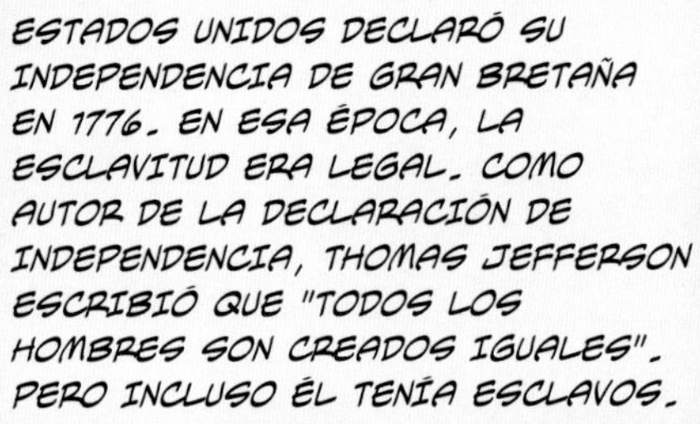
ESTADOS UNIDOS DECLARÓ SU INDEPENDENCIA DE GRAN BRETAÑA EN 1776. EN ESA ÉPOCA, LA ESCLAVITUD ERA LEGAL. COMO AUTOR DE LA DECLARACIÓN DE INDEPENDENCIA, THOMAS JEFFERSON ESCRIBIÓ QUE "TODOS LOS HOMBRES SON CREADOS IGUALES". PERO INCLUSO ÉL TENÍA ESCLAVOS.

SIN LOS ESCLAVOS, LAS GRANDES PLANTACIONES HUBIERAN TENIDO QUE PAGAR POR EL TRABAJO

¡MÁS RÁPIDO!

DURANTE LARGAS HORAS TODOS LOS DÍAS, LOS ESCLAVOS SEMBRABAN ALGODÓN, TABACO Y OTROS CULTIVOS. NO TENÍAN DINERO, NI LIBERTAD, ¡NI DERECHOS!
ESTOY TAN CANSADO Y TENGO MUCHA SED.

PARA PRINCIPIOS DE 1800, LA ESCLAVITUD YA NO EXISTÍA EN LA MAYOR PARTE DEL NORTE. LOS ESTADOS NORTEÑOS ESTABAN EN CONTRA DE LA ESCLAVITUD.
¡LA ESCLAVITUD ES HORRIBLE!

DE 1861 A 1865, HUBO UNA LARGA Y TERRIBLE GUERRA ENTRE EL NORTE Y EL SUR A CAUSA DE LA ESCLAVITUD. LA GUERRA DIVIDIÓ AL PAÍS.

EN 1863, EL PRESIDENTE ABRAHAM LINCOLN DECLARÓ QUE IBA A LIBERAR A LOS ESCLAVOS DEL SUR. PERO, ESO NO RESULTÓ.

LA ESCLAVITUD NO FUE ILEGAL EN TODO EL PAÍS SINO HASTA 1865. ESE AÑO, EL NORTE GANÓ LA GUERRA CIVIL, Y LA UNIÓN VOLVIÓ A SER UNA SOLA.

POR LEY, LOS ESCLAVOS AHORA ERAN LIBRES, PERO TODAVÍA NO HABÍA IGUALDAD. MUCHOS ERAN MUY POBRES.

EN EL SUR, ¡LOS AFRO-ESTADOUNIDENSES TENÍAN QUE PARARSE RESPETUOSAMENTE CUANDO UN BLANCO PASABA!

EN LA MAYORÍA DE LOS ESTADOS DEL SUR SE HICIERON LEYES ESPECIALES. BAJO ESTAS LEYES, LOS NEGROS ¡NO PODÍAN TENER CIERTAS PROPIEDADES! ¡NO PODÍAN TENER ARMAS! ¡Y NO PODÍAN VOTAR!

VOTE

A a B b C c D d E e F f G g H h I
2+3=5
5x3=15
15÷3=5
EN 1896, LA SUPREMA CORTE DECLARÓ QUE LA SEPARACIÓN DE RAZAS, O SEGREGACIÓN, ERA LEGAL. SE SUPONÍA QUE LOS ESPACIOS PÚBLICOS TENÍAN QUE SER "SEPARADOS PERO IGUALES" PARA BLANCOS Y NEGROS. PERO LAS ESCUELAS PARA ESTUDIANTES NEGROS A MENUDO NO TENÍAN LIBROS NI MUEBLES.

A LOS AFRO-ESTADOUNIDENSES TAMBIÉN LES DABAN LOS PEORES ASIENTOS EN TEATROS, RESTAURANTES, EN AUTOBUSES, O ¡A VECES NI ASIENTOS!
TONY'S RESTAURANT
¡NO PUEDES COMER AQUÍ!
TONY'S RESTAURANT

NAACP
1909
LA ASOCIACIÓN NACIONAL PARA EL PROGRESO DE LA GENTE DE COLOR (NAACP) SE CREÓ PARA CAMBIAR ESTAS LEYES INJUSTAS.

EQUAL RIGHTS FOR ALL PEOPLES

DURANTE LOS AÑOS 1930, LA NAACP PIDIÓ A LOS ESTADOUNIDENSES DETENER EL ABUSO Y EL ASESINATO DE PERSONAS NEGRAS.
A MAN WAS LYNCHED YESTERDAY
CADA VEZ QUE UN NEGRO ERA LINCHADO, SE COLOCABA ESTA BANDERA AFUERA DE SUS OFICINAS EN NUEVA YORK. EL LINCHAMIENTO ERA UNA FORMA TERRIBLE DE CRUELDAD. SE TRATABA DE LA TORTURA Y MUERTE DE PERSONAS NEGRAS, POR LO GENERAL AHORCADAS.

EN 1954, LA SUPREMA CORTE DECIDIÓ QUE LA LEY DE "SEPARADOS PERO IGUALES" ERA ILEGAL.

AHORA, LAS ESCUELAS TENÍAN QUE ENSEÑAR A NIÑOS NEGROS Y BLANCOS JUNTOS.

UN AÑO MÁS TARDE . . .
EN 1955, TODAVÍA HABÍA SEGREGACIÓN EN ALABAMA. LOS NEGROS TENÍAN QUE SENTARSE EN LA PARTE TRASERA DE LOS AUTOBUSES. SI EL AUTOBÚS SE LLENABA, TENÍAN QUE CEDER SU ASIENTO A LOS PASAJEROS BLANCOS.

¡ESPERE!
LAS PERSONAS NEGRAS TENÍAN QUE PAGAR EN LA PARTE DELANTERA, LUEGO DESCENDER Y VOLVER A SUBIR POR LA PARTE TRASERA. LOS CHOFERES A MENUDO ARRANCABAN Y GRITABAN INSULTOS A LAS PERSONAS NEGRAS.
¡DETÉNGASE!
BUS

BUS

¡LOS DE COLOR, ATRÁS!

EL 1 DE DICIEMBRE DE 1955, EN MONTGOMERY, ROSA PARKS SUBIÓ A UN AUTOBÚS LLENO DESPUÉS DEL TRABAJO. EN EL CAMINO A SU CASA, MÁS GENTE SUBIÓ.
¡OIGA, SEÑORA!

EL CHOFER ORDENÓ A TODOS LOS PASAJEROS NEGROS QUE CEDIERAN SUS ASIENTOS. ¡ROSA PARKS NO QUISO MOVERSE!
¡MUÉVASE O LLAMO A LA POLICÍA!
¡HÁGALO!

ENOJADA, LA COMUNIDAD NEGRA DE MONTGOMERY Y LA NAACP DECIDIERON BOICOTEAR AL SISTEMA DE AUTOBUSES. EN UN BOICOT, LA GENTE SE NIEGA A COMPRAR ARTÍCULOS O USAR UN SERVICIO COMO PROTESTA POR UN TRATO INJUSTO.

MUCHOS LÍDERES NEGROS SE PREGUNTABAN SI LA GENTE DE MONTGOMERY TENDRÍA EL VALOR PARA EL BOICOT. LOS AFRO-ESTADOUNIDENSES LOCALES CORRÍAN MUCHOS PELIGROS. PODÍAN SER DESPEDIDOS DE SUS TRABAJOS. BLANCOS ENOJADOS PODÍAN TIRARLES COSAS CUANDO CAMINARAN A TOMAR EL AUTOBÚS.

CUATRO DÍAS DESPUÉS . . .
¡NI UN AFRO-ESTADOUNIDENSE ABORDÓ UN AUTOBÚS EN MONTGOMERY! LAS PERSONAS NEGRAS CAMINABAN O IBAN EN BICICLETA AL TRABAJO. ALGUNOS TOMABAN TAXIS DE DUEÑOS NEGROS. ESTOS TAXIS OFRECÍAN VIAJES POR LOS MISMOS 10 CENTAVOS QUE COSTABA EL AUTOBÚS. NORMALMENTE, UN VIAJE EN TAXI COSTABA POR LO MENOS 45 CENTAVOS.

GRACIAS POR EL VIAJE, SAM. ¿ME PUEDES RECOGER A LAS CINCO?
TAXI

LA NUEVA ASOCIACIÓN PARA EL MEJORAMIENTO DE MONTGOMERY (MIA) ESCOGIÓ AL DR. MARTIN LUTHER KING, JR. PARA DIRIGIRLA. LA MIA DIRIGIÓ EL BOICOT.
MI

KING SIGUIÓ LAS ENSEÑANZAS DE MAHATMA GANDHI, UN LÍDER DE INDIA. GANDHI ENSEÑÓ A SUS SEGUIDORES A PELEAR CONTRA LA INJUSTICIA SIN USAR LA VIOLENCIA. LOS CONVOCABA A PROTESTAR DE MANERA PACÍFICA POR MEDIO DE HUELGAS Y BOICOTS.

EQUAL
RIGHTS
FOR ALL
EQUALITY
ESTA POLÍTICA DE NO VIOLENCIA Y PROTESTA PACÍFICA SERÍA EL CENTRO DEL MOVIMIENTO DE DERECHOS CIVILES. DESPUÉS DEL BOICOT A LOS AUTOBUSES, MARTIN LUTHER KING, JR. SERÍA CONOCIDO COMO EL LÍDER DEL MOVIMIENTO POR LOS DERECHOS CIVILES DE LOS AFRO-ESTADOUNIDENSES.

DIRIGIÓ MUCHAS PROTESTAS NO VIOLENTAS INCLUSO FRENTE A LA HOSTILIDAD.

LA COMUNIDAD NEGRA NO PODÍA DECIDIR POR CUÁNTO TIEMPO BOICOTEAR.

LOS LÍDERES NEGROS SE PREGUNTABAN CUÁNTO TIEMPO PASARÍA ANTES DE QUE LA GENTE SE CANSARA DE CAMINAR.

ALGUNOS TEMÍAN QUE LA LLUVIA LOS HICIERA VOLVER A TOMAR EL AUTOBÚS. OTROS TEMÍAN QUE LA POLICÍA LOS OBLIGARA A TOMARLO.

¡OYE, MÁS TE VALE VOLVER A USAR EL AUTOBÚS!

SIN EMBARGO, CON EL LIDERAZGO DE KING, LA MIA TERMINÓ CON ESTOS TEMORES. ÉL ERA UN ORADOR INTELIGENTE, APASIONADO.
ESTAMOS AQUÍ ESTA NOCHE PARA DECIRLES A AQUÉLLOS QUE NOS HAN MALTRATADO POR TANTO TIEMPO QUE ESTAMOS CANSADOS—

—CANSADOS DE SER SEGREGADOS Y HUMILLADOS, CANSADOS DE SER PATEADOS POR LOS BRUTALES PIES DE LA OPRESIÓN.

LA PRIMERA NOCHE DEL BOICOT . . .
MIA Delivers Demands To Local Officials
Top Two Items To Face Test
Boycott Continues
Approval Near On 2 Matrons For City Jail
Strauss Balks On Story Behind D-Y Pact Axing
LA COMUNIDAD NEGRA DE MONTGOMERY ACORDÓ SUS DEMANDAS.
DEMANDA UNO
Los negros deben ser tratados con respeto en los autobuses.

DEMANDA DOS
Ningún negro debe ser obligado a ceder su asiento. El asiento será del primero que lo ocupe.

DEMANDA TRES
Se debe contratar a choferes negros para las rutas con pasajeros negros.

MARTIN LUTHER KING, JR. PRESENTÓ LAS DEMANDAS DE LA MIA A LAS AUTORIDADES DEL AYUNTAMIENTO Y DE LA COMPAÑÍA DE AUTOBUSES.

LAS AUTORIDADES SE REHUSARON A ESCUCHAR. TRATARON DE TERMINAR CON EL BOICOT DE OTRA FORMA . . .
SLAM

TRATARON DE ASUSTAR A LOS AFRO-ESTADOUNIDENSES PARA QUE SE DIERAN POR VENCIDOS. LA POLICÍA LOS ARRESTÓ POR BOICOTEAR, Y POR CAMINAR AL TRABAJO. LA POLICÍA ARRESTÓ A MUJERES BLANCAS POR LLEVAR A SUS SIRVIENTAS NEGRAS EN SUS AUTOS, AL TRABAJO Y A SU CASA. EL CARGO— EXCESO DE VELOCIDAD.

BWA-BOOM
DE PRONTO, UNA NOCHE, ¡SE OYÓ UNA EXPLOSIÓN! ALGUIEN HABÍA PUESTO UNA BOMBA EN LA CASA DEL DR. KING.

¡OTRA BOMBA EXPLOTÓ EN LA CASA DE OTRO LÍDER!

PERO EL BOICOT CONTINUÓ . . .

PARECÍA QUE LAS AUTORIDADES DE MONTGOMERY NUNCA ACEPTARÍAN LAS TRES DEMANDAS. ENTONCES UN ABOGADO NEGRO DE MONTGOMERY DEMANDÓ A NOMBRE DE LA MIA. LA DEMANDA ERA PORQUE LA SEGREGACIÓN EN LOS AUTOBUSES NO SEGUÍA LAS LEYES DE ESTADOS UNIDOS.

EL JUEZ ESCUCHÓ . . .

. . . Y VARIOS MESES DESPUÉS, LLEGÓ LA DECISIÓN . . .

. . . ¡LA MIA HABÍA GANADO!
LA CORTE FUE A FAVOR DE LA MIA, PERO EL AYUNTAMIENTO DE MONTGOMERY SE REHUSÓ A ACEPTAR LA DECISIÓN DE LA CORTE.

PASÓ MÁS TIEMPO. EL CASO LLEGÓ A LA SUPREMA CORTE DE ESTADOS UNIDOS.
EL 20 DE DICIEMBRE DE 1956, LA SUPREMA CORTE ORDENÓ A LOS AUTOBUSES DE MONTGOMERY A NO OBLIGAR A LOS NEGROS A SENTARSE EN LA PARTE TRASERA. TODOS LOS PASAJEROS DEBÍAN SER TRATADOS IGUAL. AL DÍA SIGUIENTE, KING ABORDÓ UN AUTOBÚS DE MONTGOMERY. LOS PERIÓDICOS Y LA TELEVISIÓN NACIONALES CUBRIERON EL HISTÓRICO VIAJE.

EXTRA
By Executive Order
DESEGREGATION!
2nd Order Sets Up FEPC In All Government Jobs
Executive Order No. 1
NATIONAL Edition
Chicago Defender
WORLD'S GREATEST WEEKLY
10¢ PAY NO MORE
Under 'States' Rights'
Posse, Bent On
BUS SEGREGATION BANNED
JOURNAL
the Topeka State Journal
Home Edition
Supreme Court Refutes Doctrine of Separate
Leaders To Help Raise Funds For Demo Campaign
Snub Truman's Wife; Friends Are Too Dark

WE DEMAND
RIGHT
JOBS FOR ALL NOW
EQUAL RIGHTS NOW
JOBS FOR ALL NOW
END
NOW
DURANTE LOS SIGUIENTES 10 AÑOS, BLANCOS Y NEGROS TRABAJARON JUNTOS PARA TERMINAR CON LA SEGREGACIÓ
ÉSTE FUE EL MOMENTO MÁS IMPORTANTE DEL MOVIMIENTO
LOS DERECHOS CIVILES.

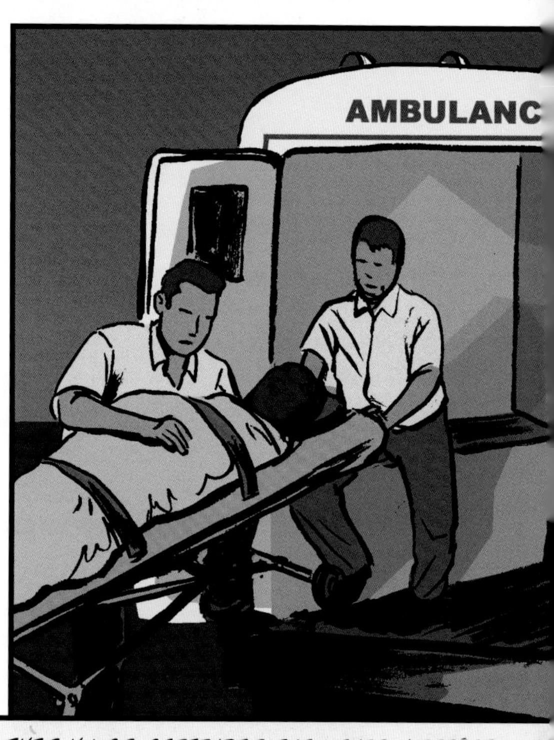
AMBULANC

PERO EL CAMBIO DE LAS LEYES Y LAS ACTITUDES FUE LENTO Y DIFÍCIL. NO TODOS LOS BLANCOS ACEPTARON EL CAMBIO CON FACILIDAD. EXPLOTARON BOMBAS EN IGLESIAS DE NEGROS. UN BLANCO LE DISPARÓ EN UN AUTOBÚS A UNA MUJER NEGRA EMBARAZADA.

MUCHAS PERSONAS PERDIERON SU HOGAR, Y LA VIDA, EN LA LUCHA POR LA IGUALDAD DE DERECHOS.

FRUSTRADOS, LOS JÓVENES NEGROS DECIDIERON LUCHAR CON PROTESTAS NO VIOLENTAS. ENTRABAN A RESTAURANTES QUE NO PERMITÍAN LA ENTRADA A NEGROS. SIMPLEMENTE SE SENTABAN CALLADOS Y NO SE MOVÍAN. NORMALMENTE, LA POLICÍA SE LOS LLEVABA ARRESTADOS. LOS ARRESTOS HICIERON QUE LOS MEDIOS DE COMUNICACIÓN PUSIERAN ATENCIÓN A LOS ESTUDIANTES. LAS NOTICIAS PERMITIERON QUE MÁS PERSONAS SE ENTERARAN DE LOS DESEOS DE LOS ESTUDIANTES DE UN TRATO IGUAL PARA TODOS.

AÑOS MÁS TARDE . . .
. . . EN 1963, LOS LÍDERES DE LOS DERECHOS CIVILES ORGANIZARON UNA MARCHA A WASHINGTON. LA MARCHA ERA PARA APOYAR LA LEY DE DERECHOS CIVILES. SI ERA APROBADA, LA LEY TERMINARÍA CON LA DISCRIMINACIÓN RACIAL EN LUGARES PÚBLICOS.
¡MARCHARON 200,000 PERSONAS! MARTIN LUTHER KING, JR. HABLÓ CON MUCHA EMOCIÓN.
SUEÑO CON QUE UN DÍA ESTA NACIÓN SE LEVANTARÁ Y VIVIRÁ EL VERDADERO SIGNIFICADO DE SU CREDO: "AFIRMAMOS QUE ESTAS VERDADES SON EVIDENTES, QUE TODOS LOS HOMBRES SON CREADOS IGUALES". SUEÑO QUE MIS CUATRO PEQUEÑOS HIJOS VIVIRÁN UN DÍA EN UN PAÍS EN EL CUAL NO SERÁN JUZGADOS POR EL COLOR DE SU PIEL, SINO POR LA NATURALEZA DE SU CARÁCTER.

EL DISCURSO DE KING LLEGÓ A LOS OÍDOS DE PERSONAS EN TODO EL PAÍS. EL 2 DE JULIO DE 1964, EL PRESIDENTE LYNDON JOHNSON FIRMÓ LA LEY DE DERECHOS CIVILES. ESTA LEY OBLIGÓ A QUE EN LOS ESPACIOS PÚBLICOS SE DIERA IGUAL TRATO A PERSONAS DE CUALQUIER COLOR Y RAZA. LOS NEGROS YA NO TENÍAN QUE SENTARSE EN UN ESPACIO DIFERENTE EN UN TEATRO O RESTAURANTE.

DESAFORTUNADAMENTE, LOS NEGROS EN EL SUR TODAVÍA NO PODÍAN VOTAR. NO PODÍAN DECIDIR SOBRE QUIÉN LOS REPRESENTABA.
VOTE

EL BOICOT A LOS AUTOBUSES DE MONTGOMERY DIO AL MOVIMIENTO DE DERECHOS CIVILES UNA VOZ NUEVA Y MÁS FUERTE. TAMBIÉN INSPIRÓ A OTROS GRUPOS A USAR LA PROTESTA PACÍFICA PARA HACERSE ESCUCHAR.
MARTIN LUTHER KING, JR. AYUDÓ A ORGANIZAR Y TERMINAR EL BOICOT A LOS AUTOBUSES. DIRIGIÓ MUCHAS MARCHAS MÁS Y CAMBIÓ MUCHAS OTRAS ACTITUDES. TRÁGICAMENTE, FUE ASESINADO EN 1968. CADA MES DE ENERO, CONMEMORAMOS EL DÍA DE MARTIN LUTHER KING, JR. PARA HONRAR SU PODEROSO ROL EN LA LUCHA POR LOS DERECHOS CIVILES.

PARA HONRAR LA CULTURA AFRO-ESTADOUNIDENSE Y A TODOS LOS NEGROS QUE LUCHARON POR LA IGUALDAD DE RAZAS, EL MES DE FEBRERO ES EL MES DE LA HISTORIA NEGRA.
FEBRUARY

DURANTE MUCHOS AÑOS, ROSA PARKS, "LA MADRE DEL MOVIMIENTO POR LOS DERECHOS CIVILES", SIGUIÓ TRABAJANDO POR LA IGUALDAD DE DERECHOS DE TODOS LOS ESTADOUNIDENSES. EN 1996, EL PRESIDENTE CLINTON LE OTORGÓ LA MEDALLA PRESIDENCIAL POR LA LIBERTAD. EN 1999, RECIBIÓ LA MEDALLA DE ORO DEL CONGRESO. ROSA PARKS MURIÓ A LOS 92 AÑOS DE EDAD EL 24 DE OCTUBRE DE 2005.

HOY, LOS AFRO-ESTADOUNIDENSES HAN LOGRADO MUCHO EN LA SOCIEDAD DE ESTADOS UNIDOS. MUCHAS ACTITUDES HAN CAMBIADO, PERO LOS AFRO-ESTADOUNIDENSES TODAVÍA SON MÁS POBRES QUE LA MAYORÍA DE LOS BLANCOS. GRACIAS AL TRABAJO DE ROSA PARKS, MARTIN LUTHER KING, JR. Y OTROS COMO ELLOS, ¡SUS VOCES SERÁN ESCUCHADAS!

PARA APRENDER MÁS

The Civil Rights Movement for Kids: A History with 21 Activities. Mary Turck (Chicago Review Press)

If a Bus Could Talk: The Story of Rosa Parks. Faith Ringgold (Simon and Schuster Books for Young People).

Martin Luther King Jr. Mary Winget (Lerner Publications)

The Montgomery Bus Boycott. Landmark Events in American History (series). Frank Walsh. (World Almanac Library)

Rosa Parks: My Story. Rosa Parks (Penguin Putnam Books for Young Readers)

SITIOS WEB

Heroes & Icons: Rosa Parks
www.time.com/time/time100/heroes/profile/parks01.html

Culture and Change
teacher.scholastic.com/rosa

Rosa Parks Biography: Academy of Achievement
www.achievement.org/autodoc/page/par0bio-1

Rosa Parks Library and Museum
montgomery.troy.edu/museum

Por favor visite nuestro sitio web en: www.garethstevens.com
Para recibir un catálogo gratuito en color, en el que se describe la lista de libros y programas multimedia de alta calidad de la World Almanac® Library, llame al 1-800-848-2928 (EE.UU.) o al 1-800-387-3178 (Canadá). Fax de World Almanac® Library: (414) 332-3567.

Library of Congress Cataloging-in-Publication Data available upon request from publisher. Fax (414) 336-0157 for the attention of the Publishing Record's Department.

ISBN-13: 978-0-8368-7895-0 (lib. bdg.)
ISBN-13: 978-0-8368-7902-5 (softcover)

Spanish Edition produced by A+ Media, Inc.
Editorial Director: Julio Abreu
Editor: Adriana Rosado-Bonewitz
Translators & Associate Editors: Luis Albores, Bernardo Rivera, Carolyn Schildgen
Graphic Design: Faith Weeks, Phillip Gill

First published in 2007 by
World Almanac® Library
A Member of the WRC Media Family of Companies
330 West Olive Street, Suite 100
Milwaukee, WI 53212 USA

Produced by Design Press, a division of the Savannah College of Art and Design
Design: Janice Shay and Maria Angela Rojas
Editing: Kerri O'Hern
Illustration: D. McHargue
World Almanac® Library editorial direction: Mark Sachner and Valerie J. Weber
World Almanac® Library art direction: Tammy West

Printed in Canada

1 2 3 4 5 6 7 8 9 10 10 09 08 07 06

Guten Tag!
¡Hola!
Bonjour!
Hello!
WORLD LANGUAGE